AF440386

INSCRIPTION DE NABUCHODONOSOR

SUR LES MERVEILLES

DE BABYLONE.

INSCRIPTION

DE

NABUCHODONOSOR

SUR LES

MERVEILLES DE BABYLONE.

COMMUNICATION

FAITE

A L'ACADÉMIE IMPÉRIALE DE REIMS

PAR M. J. OPPERT,

Membre correspondant.

REIMS.

—

IMPRIMERIE DE P. DUBOIS ET Cie, RUE PLUCHE, 24.

1866.

INSCRIPTION DE NABUCHODONOSOR

SUR LES

MERVEILLES DE BABYLONE.

COMMUNICATION

Faite à l'Académie Impériale de Reims

DANS LA SÉANCE PUBLIQUE DU 3 AOUT 1865.

***

Messieurs,

Ce n'est pas sans émotion que je me retrouve parmi vous à cette place que j'ai quittée depuis quatorze ans. Lorsqu'en 1851 je laissai derrière moi cette ville que les rois de France ont rendue si illustre, pour aller avec mes collaborateurs fouiller les ruines d'une des plus grandes cités de l'antiquité, j'emportai avec moi le souvenir du bon accueil que vous aviez bien voulu me faire, sans savoir si je pourrais jamais vous en remercier. Cette occasion s'offre aujourd'hui, et je la saisis avec empressement. Aussi ma première pensée me reporte naturellement à mes modestes débuts dans la ville de Reims, où j'ai préparé les travaux qui m'ont fait quitter inopinément l'enseignement secondaire.

J'ai pu profiter des circonstances pour commencer une étude en apparence bien aride, mais en réalité bien attrayante, et les résultats me consolent des jours d'exil que j'ai passés sur les bords de l'Euphrate. Vous voudrez bien me permettre de vous entretenir des splendeurs éteintes de cette civilisation, et de vous parler aussi de la science nouvelle qui nous permet de lire les antiques annales des rois de Ninive et de Babylone sur les monuments contemporains de leur gloire.

Je vous parlerai donc de cette grande cité de Babylone et de ces textes qui nous l'ont fait connaître. Vous savez déjà que la lecture de ces inscriptions dites cunéiformes repose sur des principes expérimentés et vérifiés dans leurs détails les plus importants. Vous savez aussi que, dans une occasion solennelle, ayant à choisir parmi les grandes découvertes de la science celle qui lui paraissait digne du prix biennal offert par l'Empereur, l'Institut de France a voulu consacrer ce prix à reconnaître la réalité du déchiffrement des inscriptions cunéiformes, et qu'il a jeté les yeux pour cela sur un des plus modestes savants qui se sont dévoués aux progrès de cette science nouvelle. Enfin, je suis heureux de le dire, ce qui rend aussi complet que possible le concours de votre ville de Reims en cette circonstance, un de ses illustres enfants, M. Paulin Paris, alors président de l'Institut, fut chargé de décerner publiquement le prix.

I.

Ce vaste sujet du déchiffrement des inscriptions cunéiformes mériterait un développement plus étendu que celui que je puis lui donner aujourd'hui. Ce sont, du reste, moins les procédés qui ont conduit à l'interprétation des inscriptions de Babylone et de Ninive qui peuvent vous intéresser, que la grande lumière qui jaillit de leur explication sur les textes que nous avons, dès notre jeunesse , appris à entourer d'un profond respect. Depuis la rédaction de la Bible , la découverte des inscriptions d'Assyrie nous fournit la première preuve authentique, matérielle, de la véracité des récits des livres saints par des documents originaux et contemporains. Vous parlerai-je de ces textes écrits sur les murs de Ninive et de Calach , sur les briques de Babylone et d'Orchoé qui , dans une étendue très-développée, nous fournissent des documents historiques, géographiques, juridiques, particuliers et d'intérêt privé , jusqu'aux grammaires composées par les Assyriens pour instruire gratuitement , je le suppose , ceux qui , peu nombreux sans doute , devaient être destinés à l'enseignement de la jeunesse ?

Tous ces textes, qu'on compte par milliers, grâce à la découverte de Ninive, sont écrits avec des caractères qu'on nomme *cunéiformes*. Ce mot , qui vient du latin *cuneus, coin*, peut porter à la critique, mais il est accepté et consacré à l'heure qu'il est. Ces caractères, apparemment dérivés, comme toutes les lettres, d'images, d'hiéroglyphes, étaient d'abord tracés dans la brique molle avec une sorte de burin taillé en biseau, dont nous avons trouvé des échantillons en ivoire à Babylone. Chaque trait tracé dans la matière donnait donc une empreinte en *forme de coin*, et quand plus tard on voulut se servir de cette écriture pour décorer les grands monuments en pierre, la forme du coin se prêtait encore merveilleusement au ciseau du graveur, dont chaque coup achevait l'élément de la lettre assyrienne.

Cette écriture bizarre était en usage chez différents peuples : chez les Assyriens, à Babylone et à Ninive, chez les Arméniens, dans les montagnes de l'Ararat, chez les Elyméens de la Susiane ; puis les anciens habitants de la Médie l'avaient reçue de leurs ancêtres, des populations d'une provenance touranienne. Car cette écriture a dû être inventée par des habitants du nord de l'Asie, de la race des Tatares et Mongols, ce qui lui a fait donner aussi le nom d'*écriture anarienne*, ou écriture *étrangère aux Ariens*.

En dehors de cette écriture cunéiforme *anarienne*, l'élément écrit du coin avec lequel on pourrait également tracer des lettres françaises, avait servi à composer un alphabet aux anciens Perses, aux Darius, aux Xerxès, aux Artaxerxès. Ce système d'inscription est différent de l'assyrien, comme le sont le chinois et le français. L'une, l'*écriture anarienne*, est idéographique et syllabique, l'autre est alphabétique ; on l'appelle *arienne*, parce que les Perses ariens l'ont employée. Les rois de cette nation avaient l'habitude, indispensable pour eux qui régnèrent sur tant de peuples différents, et précieuse pour nous, de rédiger leurs inscriptions en trois langues : l'une, le perse ; l'autre, le médoscythique ; la troisième, l'assyrien. Cette circonstance a permis aux savants de nos jours de déchiffrer les inscriptions de Babylone et de Ninive, qui étaient conçues dans le troisième système, et de révéler une civilisation qui était ensevelie dans un oubli millénaire.

Mais, pour arriver à ce résultat, pour déchiffrer les milliers de signes qui expriment en assyrien les idées et les syllabes, il avait fallu résoudre le premier problème, beaucoup moins compliqué, qui présentait le système composé seulement de 40 signes.

Vous me pardonnerez de ne pas insister sur cette question que j'ai eu l'honneur d'exposer devant vous, en 1851. Il a fallu vaincre les difficultés que présentait le système assyrien, dont on ignorait l'écriture et la langue ; il a fallu déchiffrer le sens des lettres, dont une seule indique souvent une idée ; et après avoir transcrit le texte, il a fallu comprendre le sens des sons composant une langue jusqu'alors inconnue, et que nous savons aujourd'hui appartenir au rameau dit sémitique, c'est-à-dire être parent de l'hébreu et de l'arabe (1).

Cette langue de Ninive et de Babylone a pu être reconstituée grammaticalement, on a pu en recomposer partiellement le lexique, par des procédés et des méthodes sûrs. En pareille matière, on procède de l'inconnu au connu, et ainsi patiemment, mais sûrement, le sillon se trace de plus en plus prolongé, de plus en plus profond. C'est au moyen de cette étude que nous avons pu nous rendre un compte exact des splendeurs de la plus grande ville que jamais le soleil ait éclairée, en écoutant ce que nous enseigne celui même qui l'a faite si grande, le roi Nabuchodonosor, et en explorant, pendant un séjour de deux ans, les ruines de cette ville dont les humbles restes ne rappellent guère l'ancienne maîtresse des nations.

(1) Après Groteferd, Lowenstern, Hincko, Rawlinson et de Saulcy, nous pouvons citer, pour les études assyriennes, MM. Brandis, Coxe, Fox Talbot, Holtzmann, Menant, Mordtmann, Norris, Olshausen et autres.

II.

Cette grande cité était, en effet, l'endroit où, avec Ninive, la science des Chaldéens a trouvé son plus grand développement, où l'écriture cunéiforme a eu la plus importante application.

Jamais depuis, une cité ne s'est approchée de ses proportions colossales. Aristote déjà nous dit que Babylone était plutôt un pays qu'une ville. « Pour faire une ville, dit-il, il ne suffit pas d'entourer un terrain de murs, car, avec ce système, l'on n'aurait qu'à ceindre le Péloponnèse d'une circonvallation pour le transformer en cité. » La ville était limitée par un grand mur de 480 stades (90 kilom.) de pour-tour ; elle formait un carré assez régulier dont alors chaque côté avait plus de 5 lieues. La superficie occupée par cette grande ville était donc de 513 kilom. carrés, c'est-à-dire plus grande que le dé-partement de la Seine, quinze fois plus grande que la ville de Paris de 1859, sept fois plus grande que la capitale agrandie, quatre fois et demie plus que Londres dans sa plus grande dimension. Ce mur était d'une très-grande hauteur, probablement de 200 pieds, et construit d'un noyau en terre garni de revêtements en brique cuite et liés par du bitume. Il était à cheval sur deux fossés, ce qui en explique la disparition presque entière ; car l'Euphrate dé-bordant ruinait l'enceinte, et la main de l'homme qui se servit pendant vingt siècles de Babylone comme d'une carrière à brique fit le reste. Le nom de cette grande enceinte était en assyrien *Imgour-Bel*, ce qui veut dire « Bel protége. » Le grand carré inclus dans cette circonvallation colossale était coupé presque en diagonale de N.-O. vers S.-E. par l'Euphrate, encaissé dans des digues et dans des quais; ceux-ci étaient munis de réservoirs souterrains dans lesquels se jetait le surplus des eaux aussitôt qu'elles arrivaient à un certain niveau. La longueur du parcours du fleuve en deçà de la ville était, du point N.-O. au point S.-E., à peu près 34 kilomètres. Tout cet immense territoire n'était pas habité, mais occupé par des plantations et des champs qui pouvaient alimenter la ville en cas de famine ou de siége ; et ainsi Babylone a tenu face aux rois perses pendant vingt mois, en déjouant tous les efforts du grand roi pour l'affamer. Mais cette surface comprenait plusieurs centres d'habitations, qui renfermaient justement les merveilles dont parlent les anciens auteurs, et dont j'ai pu en partie découvrir le site.

Très-près de cette grande enceinte extérieure, se trouvait au S.-O. la ville de Borsippa, où l'on plaçait le théâtre de la dispersion des langues ; au coin N.-E. il y avait une autre ville nommée Cutha. Laissant en dehors de sa ligne ces deux villes ou quartiers, un second grand mur courait parallèle au premier, dans une distance qui variait selon les quatre côtés de 2 à 4 kilomètres. Ce second mur se trouvait encore avoir une circonférence de 360 stades ou 68 kilomètres, et couvrait une surface de 290 kil. carrés, quatre fois l'étendue de la ville de Paris dans son état actuel. L'Euphrate baignait cette partie de la cité, qui devint plus tard, quand les rois de Perse avaient démoli le premier mur d'*Imgour-Bel*, le véritable mur de Babylone. Effectivement, les historiens d'Alexandre qui virent la cité un siècle après Hérodote, ne lui donnent plus que 360 stades de circonférence. L'Euphrate, depuis l'entrée dans le territoire ceint par le mur dont le nom était *Nivit-Bel,* « la demeure de Bel, » jusqu'à sa sortie, avait encore 28 kil. à parcourir. Le voyageur qui avait franchi sous le fleuve le mur de Nivit-Bel, se trouvait bientôt, en descendant le fleuve, en présence de la *cité royale,* ou l'acropole de Babylone, où étaient réunies sur la gauche quelques-unes des merveilles de la ville, c'est-à-dire, en allant du nord au sud, la Pyramide ou le tombeau de Belus, le grand château, les jardins suspendus, et à la rive droite l'ancien palais. Toute cette *acropole* ou *cité royale,* qui avait été, comme la cité de Londres et l'île de Lutèce, le berceau de la grande ville, était entourée d'une enceinte de 11 kilomètres et couvrait à peu près 6 kilomètres carrés. Cette enceinte, qui en renfermait encore deux autres, était très-élevée et ornée de sculptures et de représentations exécutées en briques émaillées.

Quand le voyageur descendait le fleuve en quittant le mur de l'acropole (1), il commençait à entrer sur un parcours de 12 kilomètres dans la *ville des Babyloniens.* Des deux côtés du fleuve, il rencontrait les maisons s'élevant à trois et quatre étages, qui ne présentaient pas leur façade ; celle-ci était tournée du côté des rues parallèles au fleuve et bâties en ligne droite. De temps à autre, des portes d'airain arrêtaient

____

(1) Ce mur ne s'appelait pas *Nivit-Mardouk,* comme je l'ai supposé. *Imgour-Mardouk* et *Nivit-Mardouk* étaient les noms des deux murs de la ville de Nipour (*Niffar* d'aujourd'hui).

le regard du spectateur placé sur le fleuve ; c'étaient les issues des rues qui allaient droit vers le fleuve , et qui aboutissaient à des escaliers descendant vers l'Euphrate. Des parties du quai muré ont été retrouvées.

Cette ville des Babyloniens, la ville habitée s'étendait sur une profondeur de plusieurs kilomètres de chaque côté du fleuve. C'est ici qu'a dû se trouver le théâtre de la grande activité babylonienne dont un faible vestige est resté jusqu'à nos jours dans la ville d'Hillah, qui compte encore 12,000 âmes. Cette ville est presque complètement bâtie des briques de l'ancienne Babylone, et il n'y a pas une de ses maisons chétives dont le manque de crépis ne permette de reconnaître des inscriptions contemporaines de Nabuchodonosor.

En sortant de la ville habitée, l'œil du voyageur dut apercevoir, à une distance de 10 kilomètres, la grande tour de Borsippa, cachée jusque-là par les maisons des Babyloniens. Le monument dont parle le père de l'histoire, est élevé sur le terrain où la tradition plaçait dans l'antiquité déjà la fameuse tour de Babel. Cette grande tour, *le temple des sept lumières du ciel et de la terre,* avait été achevée par Nabuchodonosor ; sa ruine, encore élevée de 150 pieds, se nomme *Birs-Nimroud* et s'aperçoit à huit lieues à la ronde. La tour se composait d'un grand massif de 75 pieds de hauteur et de 600 de largeur ; sur cette base s'élevaient les sept tours superposées les unes aux autres et atteignant une hauteur de 250 pieds. En haut se trouvait le temple de Nébo où, selon Hérodote, une femme choisie par le dieu seul devait passer la nuit. En bas, dans le soubassement, il y avait le temple du dieu de la Lune. A côté de ce monument, qui subsistait encore du temps des Romains, s'élevèrent d'autres temples dédiés à Sandan (Hercule) et à Céronos, comme à la déesse protectrice de Babylone.

Mais nous n'avons pu que fugitivement parcourir la ville royale où s'imposaient jadis aux yeux du spectateur tant de merveilles. Au nord se dressait la *Pyramide*, le sépulcre de Bélus, l'endroit où se rendaient les oracles; aujourd'hui, cette ruine imposante perpétue le nom de Babylone dans le nom moderne de *Babil*. Cette pyramide avait 600 pieds (190 m.) de hauteur. Xerxès la détruisit. Alexandre, voulant la rebâtir, employa presque inutilement pendant deux mois dix mille soldats pour déblayer les décombres. Le conquérant macédonien fut interrompu dans l'exécution de ce dessein par sa mort, qui arriva au *château*, dont l'immense ruine, aujourd'hui appelée *Kasr*, montre encore la grande étendue. Ce palais royal est celui dont le roi Nabuchodonosor, dans un passage du livre de Daniel, se glorifie avec tant d'orgueil. Pendant la maladie qui l'emporta, le roi de Macédoine avait recherché la fraîcheur des voûtes des *jardins suspendus*, à l'aval du palais. Ces jardins, dont j'ai pu retrouver la place dans la ruine nommée *Amran ibn Ali*, étaient, comme on sait, comptés parmi les sept merveilles du monde. La ruine d'aujourd'hui couvre 6 hectares ; elle est remplie de tombeaux des Macédoniens. Dans l'origine, ces jardins représentaient une montagne artificielle s'élevant en terrasses plantées d'arbres qui en cachaient les degrés. Ces terrasses étaient établies sur des voûtes, dans lesquelles on pouvait se promener, de sorte qu'on avait, sans les voir, bien entendu, les plantations au-dessus de sa tête. Toute la cité royale, qui comprenait encore le *petit palais*, de l'autre côté du fleuve, vis-à-vis des jardins suspendus, devait offrir un magnifique spectacle dont on ne peut se rendre compte que lorsqu'on a visité les ruines.

Parlerai-je encore des temples qui ornaient le milieu de la ville, de la cité du Nord-Est, éloignée de 28 kilomètres de la Tour-des-Langues, et du bourg de Borsippa ? Mais j'ai hâte de donner la parole à Nabuchodonosor lui-même, qui expose dans un monument important, antérieur néanmoins à la construction des jardins suspendus, toutes les merveilles qu'il fit rebâtir ou restaurer. Le monument original fut trouvé à Babylone et était conservé dans la collection de la Compagnie des Indes ; il consiste dans un bloc de basalte noir carré de près d'un mètre de hauteur, et de 10 centimètres d'épaisseur. La pierre est couverte d'inscriptions sur toutes ses faces, et le texte est divisé en dix colonnes, et les lettres sont d'une exécution supérieure, divisées sur 619 lignes. Cette inscription n'a jamais été traduite en entier, et j'en offre les prémices à l'Académie.

Inscription de la Compagnie des Indes.

« Nabuchodonosor, roi de Babylone, le seigneur majestueux, l'élu de Mérodach, le maître suprême, l'adorateur de Nébo, et qui exécute les oracles mystérieux, qui a établi le culte de ces divinités et la vénération de leurs êtres supérieurs, le roi-vicaire qui juge sans injustice, qui a pensé jour et nuit à la restauration de la Pyramide et de la Tour et a propagé la gloire de Babylone et de Borsippa ; le ministre des dieux, le sage qui se remet aux dieux ; réédificateur de la Pyramide et de la Tour, fils aîné de Nabopallassar, roi de Babylone, moi.

» Lui-même il m'a créé, le dieu qui m'a engendré, qui a déposé le germe dans le sein de ma mère.

» Je dis ; je suis né pour gouverner ; j'ai restauré les sanctuaires du dieu, j'ai répandu le culte de Dieu, car Mérodach est le grand dieu qui m'a créé, et j'ai glorifié toutes ses grandes œuvres. Nébo, son fils existant, soutient ma royauté ; j'ai aussi toujours exalté le culte de sa haute divinité. Dans le sein de ma famille, j'ai étendu l'adoration de leur divinité, j'ai moi-même pratiqué le service de leur domination.

» Nous disons : Mérodach le grand Dieu a élevé la tête de ma royauté, il m'a confié l'empire sur les légions des hommes. Nébo, le gardien des bataillons du ciel et de la terre, a chargé ma main du sceptre de la justice, pour gouverner les hommes. Car je ne les ai jamais offensés ; mais j'ai respecté leur divinité, j'ai fait exercer le culte, pour entretenir le souvenir de leurs noms augustes, des dieux....

» Je me suis recommandé à Mérodach, j'ai pris le pan de son vêtement ; il a examiné les motifs de mon cœur jusque dans leurs secrets.

» Sois, ô dieu, propice au roi que tu as exalté, dont tu as glorifié la mémoire (que ce te soit agréable), dont tu as répandu le nom, auquel tu as confié la loi de la justice.

» Moi, je te bénis, ô Seigneur, moi qui suis la créature de ta main. Tu m'as créé, tu m'as confié la royauté sur des légions d'hommes, comme c'est ta volonté, ô maître, qui as dompté leurs tribus. Rehausse ton suprême empire, ainsi propage l'adoration de ta divinité et excite-la dans mon cœur (ce qui te soit agréable). C'est ainsi que ma vie soit consacrée.

» Lui, le premier né, le suprême des dieux, a entendu ma prière et l'a acceptée, il a agréé ma requête. Il a inspiré à mon cœur la crainte de lui-même et le respect de sa divinité. Il a dirigé mon attention sur l'observation de ses préceptes, et j'ai propagé le culte de sa souveraineté.

» Dans la dévotion envers lui, les pays lointains, les montagnes élevées, depuis la mer supérieure jusqu'à la mer inférieure, n'ont pas abandonné le chemin de l'obéissance, le sentier de la soumission, n'ont pas méconnu les conditions de la défaite , ni l'obligation de payer des impôts.

» J'ai changé les hauteurs inaccessibles en chemins praticables aux attelages.

» J'ai puni les méchants, j'ai corrigé les plans des ennemis du pays, et je m'en suis emparé en grand nombre. J'ai partagé entre les hommes des objets et du bétail. J'ai accumulé devant le dieu, dans ma ville de Babylone, de l'argent, de l'or, des métaux précieux, de l'émail, du lentisque, des bois de tous noms et de toutes valeurs, une abondance splendide des minéraux des montagnes, des pierres des mers, un trésor énorme, l'aiguillon de la cupidité.

» J'ai entrepris, dans la Pyramide, le grand temple de sa souveraineté, la restauration de la cellule des oracles, où repose le maître des dieux, Mérodach ; j'ai fait monter en l'air la coupole comme un lis (?), j'ai revêtu d'or ciselé le fond, de sorte qu'il resplendit comme le jour, et de pierre, cuivre et plomb le haut du temple.

» Les portes de la Pyramide, celles de *Hilisut* (1), de Kusb et de la Tour, je les fis faire selon les *namriri* du soleil.

» A la Haute Colline (*Toul-illu*) où se prononçaient les destinées, en dehors de notre ville, se trouvait l'autel des destinées; on l'érigea dans la Pyramide, dans les *zakmuku* du commencement de l'année, le 8 et le 11 du mois consacré au dieu conservateur du ciel et de la terre, le maître dieu; on le dédia avec adoration au dieu El, la gloire du ciel et de la terre; on lui consacra des....., on fixa dans elle la destinée de mes jours prolongés, la destinée de ma vie.

» Cet autel, l'autel de la souveraineté du sublime maître des dieux, Mérodach, avait été construit en argent par un roi antérieur; je l'ai fait revêtir d'or pur d'un poids considérable. J'ai fait recouvrir avec de l'or ciselé les ustensiles sacrés de la Pyramide, et incruster de verre et de pierre le sanctuaire mystique de Mérodach, de sorte qu'il représente les étoiles du firmament. La merveille de Babylone, je l'ai rebâtie et restaurée; c'est le temple des bases du ciel et de la terre, dont j'ai élevé le faîte en briques et en cuivre. Car le dieu a dirigé mon esprit sur la reconstruction de la Pyramide; j'ai incliné la tête devant cette injonction (?). J'ai approprié à la charpente de la cellule des oracles, lieu où repose sa majesté..., les plus grands des arbres que j'ai fait transporter des sommets du mont Liban. J'ai recouvert d'or pur les

(1) L'auteur a dû souvent remplacer la traduction des termes inexpliqués, par la {transcription en lettres italiques des mots assyriens.

poutres de cyprès énormes employées à la charpente de la cellule des oracles ; les traverses inférieures des cyprès de la charpente ont été émaillées d'or, d'argent, d'autres métaux et de pierre. Je me suis efforcé d'achever la Pyramide ; j'ai imploré dans ce but le roi des dieux, le maître des maîtres.

» Borsippa est la ville de ceux qui exaltent le Dieu, je l'ai ornée. Au milieu d'elle, j'ai fait construire la Tour, la maison éternelle. J'en ai achevé la magnificence avec de l'or, de l'argent, d'autres métaux, des pierres, des briques vernissées, du lentisque, du cèdre. J'ai recouvert en or la charpente du lieu de repos de Nébo. Les poutres de la porte des oracles ont été plaquées en argent pur.

» J'ai incrusté avec de l'ivoire la colonnade de la porte du lieu de repos, le seuil et les linteaux, les ..... et les ...... J'ai recouvert avec de l'argent les colonnes de la porte du *réduit des filles*. J'ai bâti splendidement l'entrée du lieu de repos, et le pourtour tournant du temple en briques de différentes couleurs, en embellissant par un ouvrage en argent le *du* des autels, et en construisant les portiques et les colonnes des portes en grandes pierres. J'ai cherché à construire le temple solidement. Pour étonner les hommes, j'ai refait et renouvelé la merveille de Borsippa, qui est le *temple des sept sphères du ciel et de la terre*. J'en ai élevé le faîte en briques, que j'ai couvertes de cuivre. J'ai plaqué de rangées alternantes de marbre et d'autres pierres le sanctuaire mystique de Nébo, le char de sa royauté, le sanctuaire qui fait la gloire des *zakmuku* dans les fêtes de Suannaki (Babylone), ses *iskari* et les tentes sacrées qui s'y trouvent.

» J'ai fait bâtir semblable à une montagne, en bitume et en briques, aux extrémités de Babylone, le temple des sacrifices, la sainte *akit* du grand maître des dieux, Mérodach, qui préside depuis les premiers jusqu'aux derniers aux ..... et aux ..... (*annunnaki*).

» J'ai bâti à Babylone, en honneur de la souveraine sublime (Mylitta Zarpanit), la mère qui m'a enfanté, le temple de la déesse des cimes des montagnes, le cœur de Babylone.

» J'ai fait construire, dans Babylone, en bitume et en briques, selon les règles de l'art, au dieu Nébo, le régent suprême qui confère le sceptre de la justice pour administrer les légions des hommes, le temple de celui qui confère le sceptre, son temple.

» J'ai bâti, dans Babylone, au dieu Sin (Lunus), qui inspire mon jugement, le temple de la grande lumière, sa maison.

» J'ai bâti, dans Babylone, en bitume et en briques, au dieu Samas (Soleil), qui inspire à mon corps le sentiment de la justice, le temple du juge du monde, son temple.

» J'ai bâti, en forme d'équerre, et en bitume et en briques, à Babylone, au dieu Ao, qui verse l'abondance dans mon pays, le temple du dispensateur des orages, son sanctuaire.

» J'ai construit, à Babylone, en bitume et en briques, comme un massif, à la grande déesse (Nana), qui réjouit et qui soutient mon âme, les temples des profondeurs et des hautes montagnes, ses temples.

» J'ai bâti, en entrant dans le mur de Babylone, en forme d'équerre, à la souveraine de la maison d'Oannes, la reine qui a pitié de moi, le temple de *Kikupan*, son temple.

» J'ai bâti, à Borsippa, un temple au dieu Ninip-Samdan, qui brise l'arme de mes ennemis.

» J'ai bâti, à Borsippa, à la grande déesse (Nana), qui agrée mon cantique, le grand temple, le temple de la vie, le temple de l'âme immortelle, ses trois merveilles.

» J'ai construit, à Borsippa, en massif, le temple du dieu Ao, qui fait éclater dans mon pays la foudre de la vaticination.

» J'ai fait, à Borsippa, dans le massif qui forme la base de la Tour, en honneur de Sin, qui soutient le côté de mon autorité, le temple des assises d'Oannes, son temple, en forme de caverne.

» Imgour-Bel et Nivit-Bel sont les grandes enceintes de Babylone. Nabopallassar, roi de Babylone, le père qui m'a engendré, les commença sans en achever la magnificence. Il en creusa le fossé extérieur ; par deux grand *kar*, en bitume et en briques, il en limita les bords. Il fit les *kar* du fleuve Arakhti, et entoura les rives de l'Euphrate d'un quai en briques. Mais il n'acheva pas le reste. A partir de la Haute Colline ou l'on présage l'avenir sur l'autel des destinées, jusqu'à *Me-bour-sapou* (les eaux de la citerne vide) *sulé* de Babylone, près de la porte supérieure, j'ai construit les conduits en briques et en pierres *tar mina turda*, pour la gloire du grand seigneur Mérodach. Car, puisque je suis son fils aîné, qui honore sa mémoire, j'ai fini Imgour-Bel et Nivit-Bel, les grandes enceintes de Babylone. En dehors des *kar* de son fossé, j'ai bâti deux *kar* puissants, en bitume et en briques, et je les ai joints avec le *kar* que le père avait tracé, et j'y compris la ville dans toutes ses parties séparées. Je fis construire un autre *kar* en briques, le *balar* du soleil couchant de l'enceinte de Babylone.

» Je fis remplir le *Me-bour-sapou* des habitants de Babylone d'un contre-fort en maçonnerie, et je continuai le *Me-bour-sapou* depuis la porte supérieure jusqu'à *Istar-sakipat-tebisa*, à la gloire de sa divinité ; puis je le joignis avec ce qu'avait fait mon père. Je bâtis ensuite les conduits de *Istar-sakipat-tebisa* (qui conduisent) à Imgour-Bel et Nivit-Bel.

» De grandes portes s'ouvraient dans ces contreforts *sulé* de Babylone ; dans certains intervalles, je fis un nombre régulier de ces portes. Au-dessous des eaux, j'en jetai les bases en bitume et en briques. Je fis faire avec art en briques couvertes de cuivre le haut des *rim* et les grilles, et ce qui est construit à l'intérieur. J'établis de grandes poutres pour la charpente, et je disposai autour des portes une charpente en poutre, avec des garnitures en airain, (le tout) orné d'écriture et de peinture. Je ménageai dans les seuils des *rim*, des escaliers tournants et des battants qui s'y mouvaient. J'ai achevé ces portes pour l'admiration des légions des hommes de la plaine.

» C'est ainsi que je me disposai à la construction d'Imgour-Bel, l'enceinte de Babylone, l'indestructible, qu'aucun des rois mes prédécesseurs n'avait faite avant moi. Quatre mille mesures agraires forment la superficie de Babylone, l'œuvre indestructible. Je fis maçonner la puissante enceinte, le *balar* du soleil levant de Babylone ; je fis creuser les fossés et j'en limitai les bords par un ouvrage en bitume et en briques. En dedans, je construisis la puissante enceinte comparable aux montagnes. Je la perçai de grandes portes *sallati,* et je les disposai avec des poutres de charpente et des garnitures d'airain. Pour que jamais l'ennemi ne tourne son visage vers Babylone l'impérissable, je fis ceindre la terre par une masse d'eau comparable aux ondes de la mer. Ses rives étaient comme la rive de la mer *Gallat*, du fleuve *Marrat*, et les tranchées dans ces fossés, garanties contre l'éboulement, étaient bordées par des talus en terre. Je fis construire les *kar* en maçonnerie en briques.

» C'est ainsi que j'ai fortifié la.... et que j'ai protégé entièrement le pays de Babylone ; et j'ai aussi fondé et construit *Tabi-subursu* (1) (bonne espérance !) l'enceinte de Borsippa ; j'en ai creusé le fossé et j'ai limité les bords par un ouvrage en bitume et en briques.

» Nabuchodonosor, roi de Babylone, que Mérodach le grand seigneur a désigné pour la gloire de sa ville de Babylone, moi :

» J'ai fait reluire comme un rayon du soleil la Pyramide et la Tour ; j'ai rendu resplendissantes comme la lumière du jour les merveilles du grand Dieu. Auparavant, depuis les temps anciens jusques aux jours victorieux de Nabopallassar, roi de Babylone, le père qui m'a engendré, il y a eu beaucoup de rois, mes prédécesseurs, dont le dieu a prononcé le nom en les destinant à la royauté. Ils ont choisi

____

(1) Ici Nabuchodonosor n'est pas exact, au moins dans l'expression de *fondation*, car le *Tabi-subursu* figure comme enceinte de Borsippa dans d'autres textes, antérieurs au moins d'un siècle.

des endroits parmi les villes, les ont choyés comme les pupilles de leurs yeux, ils y ont fait construire des palais, et y ont choisi leurs demeures. Ils y ont accumulé leurs butins et entassé leurs richesses. Pendant la fête *zakmuku tabe* du maître des dieux, Mérodach, ils sont entrés dans Suannaki (Babylone).

» Et Mérodach m'a créé pour régner. Nébo, son fils vivant, m'a confié sa domination, comme à une âme chérie. J'ai élevé l'édifice de leurs demeures au-dessus de Babylone et de Borsippa. Et je n'ai pas embelli un endroit dans Babylone, la ville pupille de mes yeux, comme j'ai rehaussé le palais, la maison de l'admiration des hommes, le centre du pays, haut et élevé, l'habitation de la royauté dans le pays de Babylone , et qui est dans Babylone, qui s'étend d'Imgour-Bel jusqu'à *Libil-ouboul*, le canal du soleil levant, de l'Euphrate jusqu'à Meboursapou.

» Nabopallassar, roi de Babylone, le père qui m'a engendré, avait commencé à bâtir le palais en briques, et avait élevé un autel au milieu. Il avait plongé dans une eau profonde ses fondations, et a ménagé des portes dans les contre-forts des *sulé* de Babylone qui forment ce palais. J'ai assis la substruction par un ouvrage en briques ; j'y ai déposé la pierre de fondation. Je suis arrivé jusqu'au niveau des eaux et j'y ai mis profondément les bases du palais. Je l'ai construit en bitume et en briques comme des *hursan*. J'ai employé pour sa charpente de grosses poutres, de la boiserie en cèdre avec des garnitures de fer, et des briques vernissées en inscription et en peinture et un ouvrage de briques vernissées autour de ses portes. J'y ai entassé de l'argent, de l'or, des métaux, des pierres de tous noms et de toutes valeurs,

une collection d'objets précieux , des trésors immenses. J'y ai enrichi une vaillante cohorte (?), la
garnison de la royauté. Je n'ai pas érigé le trône de
la justice de ma royauté dans une autre ville dans
le pays chaldéen , je n'ai pas choisi ailleurs le siége
de ma souveraineté, et je n'ai pas construit des tré-
sorières au milieu d'autres contrées. Mais dans Babylone seul se trouve la tour de ma demeure qui
contient les trésors de ma royauté internissable.
Dans la crainte de Mérodach, mon seigneur, j'ai
humilié mon cœur dans Babylone, la ville qu'il
protége ; et pour mettre à l'abri le siége de ma
royauté, je n'ai pas dérangé sa tente, ni déplacé son
autel, ni bouché son canal.

» J'ai fait bâtir avec régularité six enceintes.

» Pour rendre plus difficile l'attaque ennemie contre
Imgour-Bel, le mur indestructible de Babylone, long
de 480 stades, qui se trouve autour de Nivit-Bel, le
boulevard de Babylone, j'ai fait en dedans des deux *kar*,
en bitume et en briques, un (troisième) mur haut
comme une montagne. Dans les profondeurs je fis un
ouvrage de briques, mais sur le sommet, je fis, en
forme d'équerre, en bitume et en briques, une grande
tour pour la demeure de ma majesté. Je l'ai agrandi
en même temps que le palais du père. En un mois
heureux et un jour propice, j'en ai plongé les bases dans
une terre profonde, et j'en ai élevé le faîte semblable
à des *hursan*. En quinze jours (1), j'en ai achevé la
magnificence et j'ai embelli le siége de la royauté. J'ai

(1) L'historien babylonien Bérose, cité par Josèphe, parle des
quinze jours dans lesquels le palais fut construit.

disposé dans sa charpente de grandes poutres provenant des hautes montagnes, des cèdres femelles sans écorce, et des cyprès, des *nizki* épaisses. J'ai employé des poutres colonnes de lentisque, de cèdre, de cyprès, puis du *ûsa*, des peaux de veaux marins, du *ihis*, de l'argent, de l'or et des garnitures en fer, des frises et des bas-reliefs exécutés en briques vernissées au-dessus des portes. J'en ai entouré le faîte avec des *kilil* en cuivre.

» J'ai fait le mur puissant en maçonnerie, en bitume et en briques, haute comme une montagne. En dedans de ce mur en briques, j'ai fait une enceinte en pierres énormes provenant des carrières des grandes montagnes. J'en ai élevé le sommet à la hauteur d'une montagne.

» J'ai fait construire ce palais pour l'admiration du peuple, et je l'ai rempli de monde *sulé* pour l'administration des légions des hommes. Le respect qu'inspire la force et la crainte immense de la royauté l'environnent. Une chose injuste n'y trouve pas accès. Que jamais l'ennemi n'y tourne sa face ; entouré par le mur de Babylone qui le garantit de toute attaque, il est construit à toute épreuve.

» C'est ainsi que j'ai fortifié le pays de Babylone comme des *hursan*.

» Je me remets à Mérodach, mon Seigneur, et je tends mes mains vers lui.

» Mérodach, chef sublime, maître formidable, tu m'as créé, et tu m'as confié la royauté sur les légions des hommes comme à une âme chérie. J'ai élevé les faîtes de tes tentes sacrées au-dessus de ta ville de Babylone dans le pays chaldéen. Mais je n'ai pas embelli la contrée comme j'ai rehaussé l'adoration de ta divinité, comme j'ai propagé ton culte. Bénis l'œuvre de ma main, exauce ma prière, car je suis le monarque réédificateur qui réjouit ton cœur, le roi-vicaire soucieux, qui a restauré tous tes sanctuaires.

» C'est avec ton aide, ô Mérodach sublime, que j'ai fait cette maison. Que le plus haut bonheur y entre ! Puissé-je l'habiter sans douleur, et y trouver du repos, et y septupler ma race ! Puissé-je dans elle recueillir les tributs immenses des rois des contrées de toute l'humanité, depuis l'étoile de l'Occident jusqu'à l'étoile de Nébo, qui est du côté du soleil levant. Que jamais ne vainquent les révoltés, que jamais je ne pardonne l'impiété, et que ceux qui portent haut la tête dans Babylone, y règnent à cause de moi, jusqu'aux jours les plus reculés ! »

Et c'est ainsi, Messieurs, que nous prenons congé de Babylone, où j'ai passé deux ans de ma vie, loin de toute occupation qui distrait, mais loin de toute affection qui soutient, uniquement occupé du passé et du souvenir des splendeurs dont l'entière disparition montre, dans un grand exemple, le néant de toute magnificence humaine.

Reims, Imprimerie de P. DUBOIS et Cie, rue Pluche, 24.